상주작가

국립중앙도서관 출판예정도서목록(CIP)

상주작가 / 지은이: 김재순, 김정순, 김정희, 남수현, 신재섭, 임술랑, 전봉희. -- 서울 : 들꽃, 2017
p. ; cm. -- (들꽃동인선 ; 48)

ISBN 978-89-6143-201-6 03810 : ₩8000

한국 현대시[韓國現代詩]

811.7-KDC6
895.715-DDC23 CIP2017030177

인지
생략

| 들꽃동인선 48 | 2017년 창간호 |

상주작가

2017년 11월 15일 초판인쇄
2017년 11월 20일 초판펴냄

지은이/김재순 외

펴낸이/문창길

펴낸곳/도서출판 들꽃
주 소/04623 서울 중구 서애로 27(필동3가 28-1) 서울캐피탈빌딩 B202호
전 화/02)2267-6833, 2273-1506
팩 스/02)2268-7067
출판등록/제5-313호(1992. 5. 15)
E-mail:dlkot108@hanmail.net

값 8,000원

* 파본된 책은 바꾸어 드립니다.

ISBN 978-89-6143-201-6 03810

상주작가

| 2017년 창간호 |

발간사

우리들의 글쓰기

사물은 귀하게 여길 때 귀해지는 것이고, 사람도 예뻐할 때에 예뻐 보이는 것이다. 내 가슴 가까이 다가와서 잊지 못하고 자꾸 자꾸 보고 싶은 사람이라면, 애초 스치듯 지나간 사람과 비교할 수가 있을 것인가. 맘과 맘이 서로를 그리워할 때 하나의 세계는 탄생하는 것이고, 우리는 우주선을 쏘듯이 정성스럽게 상대에게 다가가는 것이다.

관념의 세계도 이와 같아서 붙잡아 가까이서 쓰다듬고 보듬을 때 그 꿈은 그림을 그리듯이 선명해지고, 한 인간을 희열의 세계로 이끄는 것이다. 우리가 글을 쓴다는 것이 이렇듯 우리를 낙원의 세계로 이끄는 것인 즉 그 실체를 직시하지 못하여 주변만을 빙빙 돈다면 진정성은 결여되고 말 것이다.

다른 생각을 해 본다면, 무릇 우리들 필부의 글은 혼자서 쓰고 혼자서 읽다가 마지막에는 소각하고 가는 게 옳다. 그래도 조금 아쉽다하여 동인을 형성하고 서로 그 글을 돌려보며 오류가 있으면 지적하고 잘 된 글이면 기억을 하게 되는 것이 우리 사회의 현실이다.

글을 쓰서 명예를 얻거나 관직을 얻는 경우도 있다. 이것은 학문적인 글쓰기이므로 우리들처럼 사소하다고 여길 수 있는 그것과는 질과 양이 다르다고 할 수 있다.

십여 년 전 우리 지역의 모 문학회 회원인 모 씨는 글쓰기에 목숨을 걸고 술과 방황의 세월을 보내다가 진짜로 목숨을 버린 일도 있으며, 또 모 씨는 아직까지 방황을 그치지 않고 있지만 그 성과가 없는 경우가 있다. 이처럼 글쓰기의 어려움은 증명되고 있는 것이다.

글쓰기가 허영에 사로잡혀 있다면 이것과 같이 허무한 일이 또 어디에 있겠는가. 글은 삶의 진정성에서 나오는 것이기에 허영과 가식은 애초 글쓰기와는 배치되는 것이다. 글은 억지로 만들어 쓴다고 되는 것이 아니다.

그래서 위에서 언급한바 글은 혼자서 쓰고 읽다가 마지막에는 소각하고 가는 게 옳다고 한 것이다. 돌아보면 우리 사회에 쌓이고 쌓이는 글쓰레기는 얼마나 많은가. 소중하고 아까운 나무들만 종이 원료로 쓰이기 위해 잡는 꼴이 되는 것은 아닌가.

글은 쓰기 전에 먼저 그 글을 만들기 위한 구상과 설계가 필요하다. 생각하고 깨달은 바를 적기 위해서다. 물론 경험과 생각에서 글은 생산되는 것이다. 사실 우리들 필부가 깨달으면 얼마나 깨닫고 생각이 깊으면 또 얼마나 깊겠는가마는 그래도 존재로서의 개인은 존중받고 그 가치가 지대하므로 또 위대한 생각과 글이 나올 수도 있는 것이다. 그러므로 우리는 정진해야 할 것이며, 새로운 발견을 위해 끊임없이 생각해야 할 것이다.

가장 좋은 글쓰기는 자기 몸에서 나오는 소리를 받아 적는 것이다. 상징이나 은유 등 글꾸밈이나 기교는 없을지 모르나 이것이야말로 진정성의 최고점이 아닌가 한다. 우리가 별 의식 없이 줄줄 말을 하듯이, 글도 이렇게 자연스럽게 쓰는 것이 제일 좋은 것이다. 그러기 위해서 그 몸은 얼마나 많은 세계를 경험해야 할 것인가. 울면서 밥을 먹어보지 못한 사람한테 진정 그 밥맛을 물어 무슨 답을 들을 수 있을까.

어차피 인간은 사회적 동물이므로 쓴 글을 발표도하고 모아두었던 글은 책으로 묶어 사람들에게 보인다. 그 글을 읽고 그 사람의 생각한 바를 짐작하고 교류를 한다. 리듬을 넣어 노래로도 만들어지고 있다. 자기 생각과 글에 자긍심을 갖게 되고 보람도 생기게 된다.

대저 우리들 필부의 글이 오래도록 기억되기를 애초 바라고 있었던가. 그러고 보면 '春秋'는 역사 기록으로서 마땅한 것이리라. 기억되지도 않고 반복되는 일상사와 잡사는 아예 기록으로 남기지 않았으니 말이다.

그저 종이를 소비했을 뿐이고, 감정의 카타르시스를 배출했을 뿐이다. 그러나 독자여! 무지와 용감은 어떤 지혜보다도 월등하다는 것을 아는가. 알고 있다면 우리들의 실행을 이해할 것이고, 모른다면 외면하고 잊을 버릴 것이리라.

한국작가회의는 시, 군 단위의 지부를 승인하지 않고 있다. 광역시, 도 단위의 지회 체제로 운영되고 있으므로, 이런 소속에 상관하지 않고, 우리 상주에 작가들은 '상주작가'라는 이름으로 흙을 파듯 글을 쓰고 있다. 변방에 가까운 이 땅 상주에서, 인류 최초의 진보주의자 예수 그리스도처럼, 앞장서서 다시 새로운 패러다임의 시대를 개척하여 인간이 더 이상 낙심하지 않는 행복한 세상을 열어 갈 단서를 찾아 고민하고 방황할 것이다.

우리 상주작가회는 이제 첫 삽을 뜨는 맘으로 이 창작집을 낸다. 초라하고 보잘 것 없지만 그래도 내 생각이 글로 표현되었기에 사람들한테 읽히기를 기대하고 있다. 이 글 머리에 혼자 쓰고 혼자 읽는다고 한 뜻과는 다르게 되었지만, 그래도 글보다는 사람이 좋아서 모였고 떠들고한 죄목이 추가될 것이지만 용감하게 활자화 되게 하였다. 더러 못 미더운 문장이 눈에 띄더라도 혜량하시기를 부탁하고 싶다. 그래도 어떤 발견이 맘에 들어, 이 책이 곧바로 폐지 재활용센터로 넘어가지 않는다면 가문의 영광으로 알고 계속 정진할 것이다.

2017년 가을

〈상주작가회〉 회장 임술랑

| 차례 | 상주작가 2017년 창간호 |

김정희

남수현

전봉희

김 재 순

김재순 경북 상주 출생. 시집 『복숭아 꽃밭은 어디 있을까』. 대구경북작가회의 회원. 현재 상주작가회 사무국장.

그 옛날의 꽃길 외 8편

베레모를 쓴 늙은 시인이
하모니카를 분다
소리표를 따라서 흰 꽃잎 흩날린다

지나온 어느 언덕
아까시꽃 만발했던 그 언덕에서
시인을 꿈꾸던 한 청년은 하모니카를 불었고
검은머리 휘날리며 그의 애인은 노래했을까

밤비에 아까시꽃 져내렸듯, 문득
청춘은 져내려 주름 속에 묻히고
향기롭던 애인은 깊은 흙터 속에 묻혔을까
하모니카 소리에 늦가을 빗소리가 섞였다

늙은 시인이 불러낸 아까시 꽃잎은
주점 가득 흩어져 날리고
좀 덜 늙은 여류시인들은
검은머리 휘날리던 그 날의 애인되어
허밍으로 따라 부른다

아까시꽃 만발했던
그 옛날의 꽃길
꿈결 같던 그 길

조는 아이에게

오후 6시 버스 안에서
늘 끄덕끄덕 졸더니
오늘은 완전 퍼져
좌석 밖으로 칡뿌리 같은 팔다리를 막 뻗었구나

그래, 오늘 얼마나 힘들었느냐
창 밖은 온통 사월인데
유리창을 깨부수고 뛰쳐나가라고
너를 들쑤시며 버글버글 끓고 있는 네 마음을
차갑게 식히며 교실에 앉았느라
얼마나 기진맥진 했느냐

누명을 쓴 사람이
유배지에 위리안치 되듯
이른 아침 구불구불 버스를 타고
변방의 작은 학교 좁은 교실에
청춘이 수감되어 숨쉬기 힘들어도
어디다 고함 한 번 지를 수 있었겠느냐

사람은 왜 배우고 익혀야 할까
참다운 공부를 왜 해야 하는가
나는 어리석어
반생을 살고서야 깨달았단다

스크랩하다

여자가
스마트 폰으로
홍매화 나무를 오려낸다

매창, 이매창
그 많던 왕족 귀족 밀어내고
천민 유희경을 평생의 정인으로 품었던
이매창, 유리창에 드리워진 꽃가지 잘라낸다

한 해의 만복을 빌어주며
연하장 맨 아래 그려 넣던
몇 송이 꽃이 피고 붉은인燐처럼 망울 맺힌
가지 한 줄 끊어낸다

은빛 단도
일편단심 글자 끝에 피었던
붉은 매화 한 송이 몸체에서 떼어낸다

스마트폰 갤러리에 걸어두고

가슴 속 사진첩에 꼭 꼭 붙이려고
한 백년 그렇게 붙여두려고

매미소리

땡볕을
찢어발기는
저 매미소리

내가 잊어버린
어느 생에선가
내 마음이 기억하는
어느 생에선가
열렬했으나 엇갈린 운명이어서
너 저렇게 나를 부르는가
나 이렇게 화답하는가

매미가 우는 때
나는
시를 쓰네

헌화가

-권정생선생영결식

굴곡 많던 칠십 평생
아름다운 세상이라 말하니
당신 이제 정말
한바탕 꿈을 깨셨나 봅니다

몰려든 사람들
아직은 너무 짧은 꿈이라고
더 오랜 꿈을 함께 꾸자고
흐느끼며 매달리네요

당신과 이별하는 날
이른 아침
몸을 씻고
흰 옷을 입었지요

당신이
스물다섯 살 청년이 될 것 같아
나
스물세 살 처녀가 되고 싶어

들끓는 내 마음
진즉에 못 보여드리고
이제서야
한줄기 흰 꽃을 드립니다

목가리의 봄

흙길 따라
고요 속으로 빨려드니
배꽃이 하얗게 천지를 덮었네

뒷머리에 배꽃 한 줄기 꽂은 여인이
풀섶을 헤치며
금모래를 타고 흐르는 도랑물에
아이의 얼굴을 씻기자 동자승이 되네

꽃그늘에 기대 앉아 소주잔을 채우면
팔랑팔랑
술잔에 손등에 어깨에 내려앉는
꽃잎인가 나비인가 그대인가
나
목가리에서
낮꿈에 잠겼네

방콕의 휴가

앞뒤로 열린 창문이
고속도로 같은 바람의 길을 냈다

바람의 길목에 접이식 의자를 펴고
오가는 바람을 빤히 쳐다본다
미끈한 아가씨 같은 푸짐한 아줌마 같은
꽃미남 같은 개저씨 같은 바람이 지나간다

내 팔다리를 밟고
파먹을 듯 얼굴에 달라붙어 하늘거린다
가늣한 내 몸뚱이 공포에 질려
냉기를 찔끔거린다

창문 너머 느티나무 아래
할매들은 밤 늦도록 열기를 뭉텅 뱉을 것이고
매미는 나뭇잎을 흔들어 열기를 날릴 것이다

산수유 나무의 능력

사드는 가라
유람선은 뱃머리를 돌리고
한류를 차단하라
메이드 인 코리아를 불매하라
아우성치던 황사, 사라졌다

깨끗한 앞길로 시선이 멀리 가는데
길 건너 빈터 산수유 나뭇가지에
소복소복 모래알이 앉았다
붉은띠도 현수막도 없다

무슨 흡족한 타협이 있었는가
표정이 환하게 피어나고
나뭇가지 단단하게 굵어졌다

황사를 꽃이 되게 하는
저 산수유나무
외교력이 뛰어난 지도자 같다

곧 초록 이파리 넘실넘실
넓게넓게 번지고
평상이 놓이겠다

축제문祝祭文

당신들이 설령 머리 풀어 헤치고
창백한 얼굴 검은 입술 긴 손톱으로
내 목을 조인다 해도
나 이제 두렵지 않습니다

무지렁이 당신들의 꿈은
고관대작보다도 크고 높아
태풍이 되는 것이었지요, 태풍이 되어
새로운 하늘을 펼치는 것이었지요

찢긴 육신이 검은 흙속에 던져졌지만
그 꿈은
당신들을 닮은 우리들 가슴에 뿌리내려
칠월의 나무처럼 하늘을 향합니다

오늘, 넉넉한 상을 차리고
분향을 합니다
선녀보살이 길고 흰 명주수건을 감았다 풀면서
길을 안내합니다

이제
달을 안고 별을 안고 깊은 잠에 드십시오
망초꽃들도 저렇게 손을 흔듭니다

김 정 순

김정순 경북 상주 출생. 2006년 『자유문학』 등단. 상주문협 회원.

늦가을 외 10편

분분히 피던 꽃잎들
짓궂은 가을비에
투신자살한 밤
숲은 침묵하고
아궁이 장작불도
사그라졌다

바람이 불면
문풍지가 달달거리고
녹슨 대문 삐거덕거려도
말없이 티브이만 보던
여우골 덕산댁
온기 없는 이불속에서
잠을 청한다

귀머거리 삼년
벙어리 삼년

구정물에 손 담그고

살아온 세월이
억장 무너진다 가슴을 쳐도
공허함만 가득한
저 들판, 다시
꽃잎은 환하게 피고
시든 꽃잎들 꼿꼿하게
일어서겠지

월영교에서

물안개 자욱한 강
출렁다리 아래로
빗방울 떨어진다
팔짱을 낀 연인들이
우산도 없이 걷는
강변 벤치에 멍하니 앉아
은밀히 제 몸 드러낸 산과
속내 깊숙이 감춘 강물을
오래도록 바라보는 여자

당신이 오시기를 기다립니다

누렇게 바랜 한지에
유서처럼 써놓은
애끓는 사랑 편지
아
처연한 슬픔 한 자락
뚝뚝 잘라서
가슴에 담고 눈 감은

원이 엄마

찰나

소나기 한줄기 지나갔다
전깃줄에 앉아 졸던
새들도 날아갔다
소나기 지나간 자리
하룻밤에 한 뼘씩
자라던 들꽃이
풀죽은 얼굴로
납작 엎드려있다
널어놓은 빨래들도
후줄근한 모습으로
매달려 있는
유월 마지막 주
모든 것이 한 순간인 것을
예측할 수 없는 날씨처럼
빗나가기 일쑤인 인생사
먹구름 사이로 햇살이
피곤한 얼굴을 내민다
사랑도 이러 하리
이별도 이러 하리

빗방울 떨어지다
그친 것처럼
잠시 잠깐
눈물 흘리다 말겠지
소나기 지나가듯

구절초

가을바람에 수줍은 듯
허리를 비트는 구절초
하얗게 꽃을 피웠다

저 홀로 피었으면
얼마나 외로울까

갈숲 일렁이는 소리에도
화들짝 놀라는 꽃잎들
여든 일곱 울 어머니 심장이네

꽃대가 부러지듯
정신줄 놓으시면 어떡하나

새색시 같이 곱던 얼굴
고랑마다 검버섯을 피우시고
아이가 되어가는 어머니

저녁놀 등지고 고개 숙인

딸에게 손을 흔드시며
환하게 웃으시네

텅 빈 세월 안고 돌아오는 길
어둠 속에 잠긴 낙동강은
울음으로 가득하다

비상

늦은 밤
어둠이 잠식한 거리
질주하는 바퀴들 경적소리에
흔들리는 가로등 불빛과
리어카를 밀며 파지를 줍는
늙은 노인의 거친 숨소리와
굵게 패인 인생살이 고단함이
접착제처럼 묻어 있는
픽션을 우두커니 바라보다
유리창문을 닫는다
나는 여전히 책상 앞에 앉아
수능 패턴 과학문제와 씨름하며
삶의 무게에 짓눌려 창백한
어린 영혼의 콧날을 훔쳐본다
환청이었나
열어 놓은 창문으로
날개 퍼덕이는 소리
푸더덕 들려온다
질풍노도의 아이들이

꿈을 좇아 일어서는가
머루알 같이 깊어가는
여름 밤

어느 하루

여든 일곱 어머니 생신날 사랑니가 빠진 사남매가 모였다 바람결에 은사시 나뭇잎 떨어지듯 호위호식 시켜주며 애지중지 여기던 서방 하루아침에 떠나보내고 행여 고뿔이라도 걸릴세라 조석으로 문안인사 올리던 금지옥엽 맏아들 마흔일곱 나이에 불귀되어 하늘로 돌아가던 날 어머니 울음조차 뱉어내지 못하시더니 먹먹한 세월 따라 자꾸만 야위어 가셨다 사노라면 잊을 날 있다고 누가 말 했는가 석양을 닮아가는 어머니 모습에 집 앞 은행나무 밤마다 울어댔고 굳게 닫힌 약국은 쓸쓸함만 바람개비처럼 맴돌았다.

어머니 생신날 저녁이 아버지 기일이라 식구들 모여 해묵은 추억 풀어놓는데 오늘이 누구 제사냐고 물으신다 총명하고 재능 많기로 소문난 어머니가 정신줄을 놓다니 이런 일이 있냐고 울먹이는 자식들 앞에서 딸 이름만 부르시는 어머니, 적막한 내 가슴에도 휑하니 찬바람 불고 은사시나무 이파리 우수수 떨어진다.

단풍처럼 곱게 물들었던 얼굴엔 앙증맞게 검버섯 꽃 듬성듬성 핀 어머니를 모시고 물 좋기로 소문난 풍양 온천에서 묵은 때를 밀어드려도 어린 아이처럼 얌전히 말 잘 듣는 어머니 모습에 눈물인지 땀방울인지 알 수 없는 물이 흘러내려 얼굴이 빨개지도록 나는 뜨거운 온천수만 끼얹었다.

비 내리다

늦가을 비가 내리자
숲속 나무들
빳빳하게 혈관을 세우고
뭉친 근육을 풀듯이
하품을 하며 기어 나온다
야들아, 잘 보거라
바람처럼 사라진 것이
청춘이란 말이여
아흔셋
저승꽃 섬섬히 피운 할무이
웃는 얼굴이 환하다
아랫동네 잔치 상 받은
늙은이 서넛 차가운 방바닥에 앉아
넋두리를 풀고 있는 마을 회관
과부댁 붉은 사과는
해를 따라 익어 가는데
녹녹한 시간 쟁여온
적막강산 모서 산골 마을
먹먹한 가슴 남기고 돌아서는

시퍼런 추절秋節

가을 산

목피가 벗겨진 고목 한 그루
번개라도 맞았는지
허리가 부러진 채 쓰러져
산을 끌어안고 잠들었다
능이 향을 찾아 나선
유혈목이
독을 품고 낙엽 속으로 숨자
숲은 일제히 부복하고
묵념을 올린다
평생을 살아도
제 몫을 못하는
고집스런 내 삶에 비해
죽은 저 고목은
얼마나 행복할까
둥지를 잃고
잠시 떠도는 새들이
애도를 표하는
가막골 숲속엔
제 가슴 다 내어주고

고요히 눈 감은
참나무의 눈물이 있다

사랑

술 취한 바람이
도둑고양이처럼 들어와
꽃잎에 키스 하는
곡우의 해질녘
어둠이 햇빛을 삼켜버렸나
캄캄하다

벚꽃 피었다 지고
복사꽃 불을 밝히면
어느 산자락엔
처녀의 젖살 같은
하얀 싸리나무 꽃
봄길을 연다

연모 한다는 것
그리워 한다는 것
가슴을 열고 보여주고 싶어

우짜면 좋겠노

우짜면 좋겠노

떨리는 고백에
꽃잎들 하르르 떨어지는
불면의 밤

어디선가 소쩍새 운다

무제

돌아간다는 것—

회귀 본능이 꿈틀대는 겨울 낮
앙상한 미루나무 가지에
싹이 돋는다
거리마다 줄지어 선 가로수들이
힘겹게 제 몸 지탱하는
이월 스무 엿새
도개 냉산 미나리꽝이 개장을 하였고
별난 이 장로 모친이 하늘로 돌아갔다

산다는 것 —

돌 밑에 숨어 겨울잠 자는
개구리 찾아 헤매던 오십 중반
동창생들이 들고 다니던
족대와 배터리가 창고에 처박혀 있고
빙어 잡이에 열 올리던 황령 저수지
봄소식에 사르르 녹아 내렸다

회자정리 一

마음의 벽을 허물자
봇물처럼 터지는
해묵은 아픔
멍석을 털어내듯 툭툭
방망이질 몇 번 하면 잊을 법도 한데
홀아비 타령에 청국장 퍼다 나르던 친구
밤마다 저 홀로 베개를 적시더니
관절염 앓는 다리
삼천배가 웬 말이요
하늘에 성긴 별
울음을 멈추는 이월
애달픈 한숨소리 고요를 가른다

할미꽃

양정 1리 섬밭 마을엔
평생을 가난하게 살아온
여든 아홉 치매 할매가 살지요

비가 오면 기타소리 들려올 것 같은
낡은 판잣집 컴컴한 방안에
찌린내 나는 요를 깔고
온종일 눈만 깜빡이는 할매

사람 냄새 사람 소리 그리워
무정한 세월 빡세게 살다
늙어버리셨는지
삼단 머리카락 백발이 되었고
곧은 등뼈 새우처럼 휘어졌지요

정오에 시계바늘을 맞춰놓고
12시에 꼭 밥을 먹어야 한다고
쇠심줄보다 더 질긴
고집을 부리시는 할매

옹이처럼 박힌 상처의 흔적인가
마음 문 꽁꽁 처닫고
여자는 마카다 도둑년이라고
손사래를 치지요

개새끼 한 마리 드나들지 않는
오래된 그 집 방안엔
꼬부라진 할미꽃 한 송이
해를 기다리며 살지요

김 정 희

기다리는 봄
가는 봄
꽃상여
용서
반딧불
노파의 흰머리
옛 잔에 그 생수를 권하며
나의 회상
밤에 온 손님
너는 바람이다

김정희 경북 상주 출생. 문장대 오미자농원 대표.

기다리는 봄 외 9편

답답한 커튼 열어젖히고
육중한 베란다 문 열고나니
싱그러운 하늘이 덧없이 웃는다

아직 저 산에 겨울나부랭이가 붙어 있는데
앙상한 가지사이로 부는 칼바람
귓가 스치면서 어깨마저 웅크리게 하네

계단 밑 물통 속에는
어제까지 동장군이 차가운 얼음으로 숨어 있었지

담 너머 옆집 사랑채에서
소월의 진달래꽃 싯귀절 들리니
빛 드는 장독대 아래 파릇파릇 냉이 돋는다

복스런 강아지 개나리 가지에 오줌지리고
저 멀리 들판에는
트랙터 봄맞이 하려 열심히 밭 갈고 있네

가는 봄

아직도 입가에 맴도는 향기 여전한데
벚꽃잎은 떨어지려 하고
가슴에 남은 여진은 지금도 잔잔히 남아 있는데
소나무의 새 솔잎은 솟아오르려 하네요

님은 서서히 물러나려나
더위에 지친 땀방울은 이마 위에 송골송골 앉는다

여민 옷깃 붙잡을 시간도 없이
가만히 베란다 창만 열어 놓고서
기적소리만 들어야 하는 서글픔에
미련과 약속만을 귓가에 흩날린 채
속절없이 시계 바늘 돌아만 간다
지금도 지난 시절처럼 언제나 언제나

꽃상여

너울진 구름 아래
가슴엔 눈물 섞인 곡이 흐른다

한 많은 꿈일랑
조용히 눈 감아 감춰버리고
애써 태연한 척
맑고 곧은 자세로 다른 세상 그리시네

평생 일 좋아하셨기에
저 세상 가시는 길 꽃으로 장식하고
고깔보다 화려하자꾸나
벌과 나비 없이 향기를 눈물로 가릴려오

노랫가락 흥겹지 않는데
선창후창 종소리 맞춰 황천 건너 간다

용서

활화산처럼 터지려 합니다

하늘이 너무 높고 넓어
눈을 감고 싶습니다

얕은 소리에도
귀를 닫고 싶습니다

그냥 그 자리에서
멍하니 서 있고 싶습니다

가슴이 하늘을 닮고
눈이 바다로 덮혀도
귀마저 가릴 수 없어 엎드리고 싶습니다

당신의 미소 가지게 하소서

반딧불

어두운 밤하늘
많은 별빛으로 수놓은 자리에
움직이는 노란 불빛들이 있어 아름다웠지

지금의 밤하늘은
성급한 그들의 욕심으로
환하게 밝히려고만 하는 경쟁에
은은한 노란 불빛들이 사라지고 있다

잔디를 베개 삼아 밤하늘을 감상할 적
도깨비불이라며 놀리려 했고
어두움 속에 빛이 있어
소녀의 꿈마냥 잊혀진 추억 생각이 난다

현실에 묻힌 풀잎마다
녹색향기 짙어지는 날
머슴아들 소 등 타고 다시 나타나
밀짚모자 멋을 내며 피리 불겠지

노파의 흰머리

아름다웠던 노래가 귓전에 들리려나
어젯밤에도 불렀었는데

베넷저고리 입고 마냥 울었던
그 날이 좋았을 적을 진작 알았으면
밥 많이 먹진 않았지

예쁜 책가방 무거워
동녘에 해 뜨는 것을 무척 싫어했었지

참빗으로 머리 곱게 빗을 적
그 얼굴 참으로 고와라
어느 남정네 날 데려갈까

귀엽다 어린것 품에 안을 그땐
하루를 멀다않고 행주치마 둘러치면
서산에 해지는 줄 몰랐었지

내 닮은 새악시 받을거나

요모조모 일렀는데

하늘도 무심하시지 내 머리 밤새웠구나
등마저 산을 닮으라네
어디에 다 하소연 할꼬

옛 잔에 그 생수를 권하며

세상이 변해도
그 옛날 솟아난 그 옹달샘은
지금도 여전히 맑은 물을 솟구쳐 올립니다

세월이 흘렀어도
그 옹달샘은
늙은 나무와 새 풀이 돋아있지만
그 모습 그대로 입니다

그동안 산새와 토끼가 와서 마신 물이었어도
진정 변하지 않은 맑은 물이기에
그 때 그 잔으로 이 물을
한 잔 권하여 올리나이다

그때 그 맛으로
다시 잔을 받으소서

나의 회상

내 나이 벌써 오십하고도 아홉
거울 앞에 서서
몰라보게 늙어진 얼굴을 만지며
살아온 길을 되돌아본다
60세 가까이 난 뭘 했지
사랑하는 아내를 위해
가족을 위해
친구를 위해
사회를 위해
뚜렷하게 난 무엇을 했을까
누가 나를 열심히 살았다고 인정해줄까
이 자리에 서서 돌아보니
아무것도 한 것이 없구나!
이제 하고 싶다
무언가를 위해
누군가를 위해서
내가 살아온 세월이 억울해서라도
난 세월값을 지불하고 싶다

밤에 온 손님

내가 두려웠나요

내일 만나려고 애써 외투 세탁해 두었는데
무슨 말할까 연습까지 했었는데
두 팔 벌려서 맞이해야지
내가 먼저 만나야 해

누구도 없는 조용한 곳에서
나만이 그를 지켜야한다

내 발자국 그가 보아야하기에
행여 숨기시려거든 하이얗게 가리시구려
모자도 쓸까
검은 장갑도 껴야지

커튼 닫혀진 시간
소리 없이 창가에 왔다가
하이얀 흔적을 남기고 가시었구나
넘어지면 다칠까봐 두텁게도 하셨네

* 눈이 오면 하고 싶은 행동을 미리 준비해 두었는데 밤새 잠자고 일어나니 눈 덮힌 상황을 읊은 시.

너는 바람이다

강 건너 가지 끝에 서성이는 구름도
오가는 길목을 지키는 어둠 마저
먼 산 침묵 따라 말없이 달무리를 따를 뿐인데

머물지 못할 바람아 술 한 잔 하려므나
꽃도 나비도 낙엽 따라 가고
하얀 서리 골 따라 뿌려 세월 감춰도
그대 허무는 고달픈 삶을 쓰다듬어 주련가

오늘도 거리를 휩쓸고
비워진 가슴에 귀 솔깃한 마음을
돌아보고 돌아보아도 허겁지겁 숨 들이키고
길게 한숨 쉬는 인형처럼 시간을 채우는 삶이
겹겹의 모습으로 높고도 긴 강산을 돌았는데

무엇을 남겼느냐
오늘도 바람은 불고 있건만

* 무엇을 얻으려고 열심히 노력하는 삶속에 현실은 허망함을 안겨주는 바람과 같다고 읊은 시.

남 수 현

삼강나루에서
고래
점숙이
물항아리
묵정밭을 지나며
짚북데기 한길이
눈물
고향에 가고 싶다
심양 아줌마
미술시간

남수현 경북 문경 출생. 국민연금 수급자 생활수기 공모 장려상 수상.

삼강나루에서 외 9편

갈댓잎 서걱이는
삼강나루 모래밭에 서면
소풍 막 끝내고 돌아간 아이들 왁자지껄 소리
하나 둘 미루나무 잎새 되고
나부끼는 은빛

휘돌아, 깜박 졸던 소나무
머리채 씻어 흔들면 아 아름다워라
산 하나 유쾌하게 걸어와
제 얼굴 비춰보곤 먹빛 푸른 제 그림자에 놀라
주저앉으면

떠나지도 못하고
죽지도 못하고
살아 세 줄기 한 몸에 담아 천년도 넘었을
여기 삼강나루 물비린내
나룻배로 강 끝까지 가보지 않았어도
이미 오래전에 바다를 품어

가득, 서걱댄다

흘러간 물은 다시 오지 않을 테지만
흘러갔기에 계속 불려지는 사공의 노랫소리
오늘도 갈대숲으로 잦아들고
철새들 불러들인다

고래

그러니까 30년 전쯤 우리동네에서 사과나무를 맨 처음 심은 전무 영감네 집에 고래가 품팔이를 하게 되었다. 이웃 오대 마을에 살면서 남의 일이라면 새벽같이 달려오는 바람에 주인 내외와 아침을 몇 술 같이 먹었던 모양이다. 10시 무렵에 새참을 내어와 일꾼들에게 나눠주며 고래에게 전무 할마씨 던지는 말

- 고래야, 니는 아침밥 우리랑 먹었은께 이 사람들 먹는 동안에 나무에 올라가 일이나 해라

한창나이의 고래가 나무 위에서 힐끗힐끗 쩝쩝 입맛을 다시자 갖은 나물에 쓱싹쓱싹 비벼 먹던 동네 아줌마 하나가 한 숟가락 푹 떠서 전무 할마씨 딴 곳에 눈 돌리는 사이 잽싸게 입에 넣어준다. 한 숟가락, 또 한 숟가락, 미어터지게 세 숟가락째 받아먹던 고래 손사래 치며 하는 말

- 이러다 밥줄 끊어질라 나 인제 그만 먹을라네

점숙이

아홉 오라비 하나둘 객지로 나갈 때
나이 든 부모 곁에 남아
왼종일 갈비를 끌어와 정지 한켠을
가득 채워놓거나
걸레를 우리 집 수건보다 말갛게 빨아 널던 점숙이
사시인 눈은 언제나 반쯤 허공에 걸려있었네

동네 인근 배수로 공사 때
잡부로 딸려온 좀 모자라는 노총각에게 짝지어져
사내아이 연년생으로 낳았지
육아 상식 제대로 알려주는 이 하나 없어
아이 둘 젖뗄 무렵 어마어마한 짝젖이 되고 말았지

바람 유난스레 불던 가을
취로사업 갔다 오다 정원이 넘은 오토바이에서 떨어져
알아들을 수 없는 몇 마디 웅얼거리다가 죽었네
고운 옷 입혀 월악산 아래 묻던 날
여름휴가 때 쓸 요량으로 그 집에 맡겨놓은 중치의 개를
오라비들 말없이 꼴빼 풀어와 나눠 먹었네

에미 생각나거들랑 다녀가라는 외할머니 당부에도
외손자들 아직 다녀가지 않았네

국민학교 졸업장 받도록
제 이름 석 자 그리지도 못했던 점숙이
간이역에서 고향 가는 버스 편을 묻고 있겠지
희끄무레한 눈을 허공에 반쯤 걸어두고

물항아리

한 사람이 양쪽 어깨에 물항아리를 하나씩 지고 물을 날랐다. 집에 도착해 보니 한 항아리에는 물이 가득 그대로 있는데 다른 항아리에는 물이 반만 남아 있었다. 그 항아리는 금이 가서 옮기는 동안 물이 새어버린 것이다

그 항아리는 주인에게

- 주인님, 저 때문에 일을 두 번 세 번 하는 것이 정말 미안합니다. 금이 난 저 같은 항아리는 버리고 새것으로 바꾸어 쓰세요

그러자 주인이 항아리에게 말했다

- 나도 네가 금이 간 항아리라는 것을 잘 알고 있다. 그런데도 일부러 바꾸지 않는단다. 얘야, 우리가 지나온 길을 보아라! 물 한 방울 젖지 않은 왼쪽 길은 아무런 생명이 자라지 않는 거칠고 메마른 땅이지만, 물이 새어 흘러간 오른쪽 길은 아름다운 꽃들과 식물들이 무성히 자라고 있지 않니? 너는 비록 금이 가서 물이 새지만 너로 인해 많은 생명이 자라는 것이 정말 아름답지 않으냐?

* 오정현 목사님의 〈폭풍속의 산 믿음〉 설교 중에서.

묵정밭을 지나며

주인 없이, 서너 해
뻗어 나간 덤불들이 배나무를
뒤덮고 있다

위로 옆으로 또 아래로
목적 없이 뻗어 나간
배나무 가지들
배꽃이 가끔 피어
열매를 맺을 것도
맺지 못할 것도 같은

누가 다녀갔을까
톱질 자국 아직 아물지 않은
굵은 몇 개의 가지들

하얀 민들레 위에 앉아 있던
벌 한 마리가
바람에 흔들리는
배나무 가지 사이로

날아가고 있다

짚북데기 한길이

새갓말
짚북데기라 불리는 한길이
새벽안개를 가르며 트랙터를 모는 그의 머리칼은
헝클어진 짚 한 단을 머리에 이고 있는 형상이라
빗으나 마나다
선선한 가을바람이 불면
땅 고르고 거름 뿌려 오이 심어보지만
내리 삼 년 실패를 거듭했다
그해 봄 살림이 어려워진 마누라
식당일 핑계로 집을 나가 버렸다
온갖 농기계 다 사들여
봄이 다 가도록 이집 저집 논일해 주다가
올해도 어김없이 오이 심는 그를 보고
한길만 가라고 더러 충고하지만
한길이는 히죽히죽 웃기만 한다
논으로 오이밭으로
하루가 짧기만한 짚북데기 한길이
집으로 돌아가는 긴 그림자
그의 하늘 위로 초승달은

오늘만큼 차오르고 있는데

눈물

치매를 앓다가 큰 혈관이 터져 하루 만에 의식을 잃은 시어머니, 쉰 중반을 넘긴 맏시누이의 말에 따라 시동생이 두 손가락으로 꼭 감긴 눈을 열었다.

- 엄마, 바로 앞에 막내 보이나, 지금 내가 하는 말 다 듣고 있지, 들리면

눈을 깜빡깜빡하든가 손이라도 한번 움직여봐…… 지금 둘째 보고 가려고 기다리고 있나, 금요일에 부대에서 훈련 끝나면 곧바로 온대…… 그때 잠시 자리를 비운 남편이 들어왔다. 엄마, 여기 셋째 보이지, 엄마 아버지 닮아 시골에서 힘든 일 제일 많이 하는 아들, 엄마…… 동생이 힘에 달리는 농사일 하다가 술병病 얻은 거 엄마도 알고 있잖아, 엄마 갈 때 동생 병 다 거두어가고 평생 건강하라고 빌어줘

쪼르륵 눈물을 흘리신다

고향에 가고 싶다

마을 어귀
홰나무에 어깨를 기댄
햇살은 눈이 부시다

사립문을 들어서면
아버지가 풀을 베어 만든 언덕 같은 거름더미와
어머니가 정성 올린 물외울타리가 정겨운 곳
짚으로 엮어 만든 가리개가 너절히 쳐진 뒷간이며
그 뒤의 빼곡한 갈대숲
갈대 옆에 자라던 돼지감자의 특별한 맛도
오래도록 거기 있다

햇살 조붓한 마당귀 해당화 붉게 피고
산비탈 울타리에 아카시아며 찔레꽃
봄이 다 갈 때까지 향기 그윽했던 곳
여름이면 장독대에 소낙비 떨어지는 소리며
굴뚝 연기 따라 흔들리는 구수한 쇠죽 냄새
외양간의 소들은 밥 기다리느라 눈이 점점 커져만 가고
나는 보고 있었던가

아카시아 꽃향기 내려앉는 오후
문득 햇살 한 그루 나무 되어가는데
눈이 부시다, 나를 기다리는 텅 빈 마당에는
누렁이 턱 괴고
사립문 소리 귀 기울이는 거기

심양 아줌마

풍채가 좋아 이것저것 가리지 않고 아무거나 잘 먹게 생긴 조선족 아주머니, 여기 오기 전에 말이라요 다섯 살 때 오구서리 60년 만에 외삼촌 집에 왔을 때 생각이 나느만요, 일흔다섯 외숙모가 기러대요 중국에선 도토리를 어찌해서 먹노? 도토리를 어더렇게 먹어요. 우리 중국에서는 도토리는 정부가 수매해서 돼지나 먹이지 사람은 안 먹어요, 기랬는데 며칠 지난 뒤에 우리 외삼촌이 기러더만요 당신이 제일 좋아하는 음식 중에 하나가 도토리묵이라고, 기날 저녁상에 도토리묵이 올랐는데 외숙모한테 어더렇게나 미안하든지 말없이 한 그릇 비웠더랬지요 머, 일 읍스요 사과 꼭지를 똑똑 자르신다

미술시간

아빠에 대해서 자유롭게 그려보라고 하니
"아빠는 빼고 그려도 돼요?"
물었다

대형의 회색 TV를 배경으로
정장 차림의 앵커가 나오고
사건이 터져 나오고
허리케인이 루이지애나를 휩쓸고 가는데
리모컨을 꽉 쥐고 있는 손 하나

아빠가 특수작물로 거두는 연 수입이
웬만한 공무원보다 낫다는
널따란 이층집에 산다는
눈망울 깊은 아이가
그린 그림

어쩌지 못하는
그림자 하나

신 재 섭

신재섭 경북 상주 출생. 별실농원 대표.

편지 외 9편

- 어느 젊은 성직자에게

당신을 사랑합니다
햇빛이 시간을 만나 사과를 익힙니다
기막힌 맛과 향과 빛깔로
이 순간 우리들의 사랑도 그렇게
가까운 어디에나 저 먼 하늘 어느 언저리에
영원이 될 것입니다
강물이 흐르듯이
모닥불이 타오르듯이
우리들의 나날에
우리들의 사랑도 그렇게 흐르고 타오를 것입니다
당신을 사랑합니다

호박벌

나와 호박덩굴은 호박벌을 기다립니다
호박꽃 속 호박벌을 땡볕 아래 지켜보던
어릴 적 추억이 있습니다
호박꽃 속으로 숨어 든 별빛과 달빛도
꽃잎 필 때 피어나
환히 꽃을 밝힐 것입니다
호박벌 몇 마리가 꽃 속을 딩굴며
잔치를 벌일 때
나도 함께 할 것입니다
호박덩굴과 나는
호박벌을 간절히 기다립니다

관상

아래 이야기는 사실일까
오래 전 어느 전 교장선생님 댁을 방문하여
자식들 부부들과 찍은 가족사진을 유심히 관찰하고 있었다
20명이 넘는 듯하여 놀란 눈으로 보고 있는데
선생님 말씀하시길, 자손이 귀한 집안이었는데
아버지께서 관상을 볼 줄 아시어
며느릴 그렇게 구하여 저렇게 되었다 하셨다
저기 가장자리 쪽 있는 놈은 제자인데 자꾸 찾아 와
아버지, 아버지해서 저기 서 있다 하셨다
같이 간 친구에게 잘 생긴 미남이라며
관상을 보시는데 내가 불쑥
내가 미남이 아닌가요 했더니
저 아래 사는 이는 코가 비뚤어졌는데도
자기가 미남인줄 알지 하셨다
2년 후 다시 찾아뵈었을 때
돌아가시고 안 계셨다
내가 본 그 어르신의 관상은 그게 아니었는데

쑥

이웃동네 너그러우신 어르신 싱긋이 웃으실 때
입가에 쑥 냄새가 번지는 듯하다
아직 바람 찬 이른 봄, 어린 쑥잎으로 끓인
향기로운 쑥국을 드셔서 만은 아닐거다

우리가 이 땅에 쑥뿌리 같이 살아 온 이래
밥이 되고 약이 되어 온 쑥

언젠가 내게 슬며시 쑥떡을 건네던
어느 여인의 손길과 얼굴에서도
쑥향이 번졌다

산길

신라나 고려 사람들도 다녔을 것 같은
오래되어 단단한 산길
사람과 사람들을 이어주던 이 산길엔 이제
사람이 보이지 않습니다
내게는 귀하고 친근한 이 길은
언제나 즐거운 산길입니다
어느 날인가 너희가 여길 올지도 모를 것 같아
도라지와 작약을 심어 둘까 합니다
보따릴 이거나 등짐이나 지게를 진
조선의 아낙이나 사내들이 쉬어 갔을
바위 위에 나도 쉬곤합니다
고요 속에 소원을 빌어 보기도 합니다

반성문 · 2

- 無明

네가 너의 무지와 무식을 잘 모르듯
나 또한 그러하지
하찮은 말이 비수가 되어 오가기도 하고,
화가 치밀어 오르기도 하고, 가슴 답답해하기도 하지
어리석은 우리들의 슬픈 우울
이 우울을 눈 녹듯 녹이는 것을
우리는 흔히 친절한 마음,
측은한 마음, 사랑이라 하지
어두워진 깊은 산 속을 헤매다 찾은
먼 불빛 같은 것일 테지
달빛은 포근했고
반딧불이 몇 마리가 내 앞과 등 뒤에서
나와 동행해 주었지
그 길은 지금도 가끔 나를 밝히지

반성문 · 3

- 슬픈 노래

그 노래를 몇 번 들었는데,
들을 때 마다 슬프지고, 서글퍼지고, 초라해지고
심지어 비참하기 까지 했다
그 친구 알만한 친구가 그렇게 슬픈 노랠 부르면 쓰나
비열하고 치사한 우리들의 마음을
그렇게 심하게 건드리면 되나
그 노래 제목은
내 밥그릇 앞에 였다

나무 · 7

- 겨울산

수만 수억 수조 선들의 행진
잎눈 꽃눈
오늘은 눈꽃 피고 햇살 눈부셔
수억 수조 선들의 향연

바위 위에 올라앉은 200년 묵은 소나무
시린 하늘에 칼바람 안고 나는 매
아린 코끝 손끝 잎눈 꽃눈
올 봄 산빛은 유난히 더 고울 것이야

나무 · 9

- 생강나무

산에 핀 생강나무 꽃을 보고
산수유가 참 예쁘게도 피었네
라고 말하는 사람은 좀 무식하다
산에는 생강나무
들에는 산수유
노란꽃에서 시작 된 봄은
내게도 전해지고
개나리, 진달래에게도 옮겨간다
올봄 설레인다, 주책스럽게
그 설레임은 내 몸 속 세포들을 살짝 흔들 것이다
그 미세한 떨림으로 인한 내 피의 정화
설레임
세포 알알이 도는 생기
오늘 난 설레인다, 주책스럽게
생강나무를 보고 생강나무는 왜 생강나무라
하지 라고 말하는 사람은 살짝 무식하다

나무 · 12

- 대나무꽃

뒷산 대나무숲 대나무 속은 비어있지 않다
소나무 숲 지나 온 맑은 바람과
바람이 실어 온 매화꽃 향기가 통 속으로 들어가 자리한다
새벽 대숲 지나던 오소리 입김도 스며든다
한밤중 시냇물 소리와 벌레소리 성화에 핀
달맞이꽃 연노랑빛도 달빛 와 스민다
눈 쌓인 겨울밤 부엉이 소리도
참새소리, 소쩍새 소리도,
비 온 뒤의 무지개빛도, 샛별빛도,
그러기를 수수 해 통 속은 차곡이 채워지고
향기로운 술 익듯이 은근히 익으면
마침내 대나무꽃이 핀다

임 술 랑

임술랑 경북 상주 출생. 1997년 〈매일신문〉 신춘문예 시조 당선. 2003년 계간 『불교문예』 시 신인상. 시집 『상 지키기』 『있을 뿐이다』. 현재 상주작가 회장. 계간 『불교문예』 편집위원.

하구河口에서

바다와 민물이 몸을 섞는 하구에서
썰물을 따라 빠르게 안겨드는 민물이여
어화漁火가 먼저 뜨고서 이어서 둥둥이라

모래톱을 길게 돌며 서성이다 돌아오면
휑하니 바람만 불고 오지도 않는 님
온데도 간데도 없는 모래 벌 위 자취여

나 이러고 서 있을 거요
얻음과 버림의 경계에서
한 자국 디디면 나락奈落으로 떨어지는
생과 사
서슬이 퍼런
방황의 끝
결절決折이여

산으로 가네

남들처럼만 살자고 당신이 붙잡았지만
남들처럼 사는 게 쉬운 일인가
바깥에선 이렇게들 멀쩡하지만
집에 가면 그게 아니다
어떤 집은 솥이 깨졌고
옷이 째졌고
항아리에 금이 갔다
방바닥에 드러누운 자식이 있고
도끼를 휘두르던 아재비
4년간 결석한 초등생, 냉동실에서 발견
일천 개의 강에 비친 일천 개의 달빛이여
억조창생의 가슴에는 억조창생의 근심
남들처럼만 살자고 당신이 붙잡았지만
가네 가네 나는 가네
산으로 가네

동행

여름장마는 설악산 꼭대기 그 심중이 으리으리한 흰 바윗돌을 씻고 씻어서 용대리 백담사 앞개울을 콸콸콸 흘러가고 있습니다. 만해마을 앞 사방보 시멘트 구조물 물구덩이로 세차게 흐르는 그 차가운 물이 빠르고 빨라서 작은 인간의 마음을 물레방아 돌리고 또 돌리고 있습니다. 소슬한 바람 한 줄기 지나가고, 물 통로 이 쪽과 저 쪽 난간을 만약에 뛰어서 건너야 된다면 나는 어찌어찌 발돋움으로 건너 뛸 수가 있겠습니다만, 당신은 건너지 못할 것 같습니다. 세찬 세상의 풍파가 먼데서 울리는 종소리처럼 오고가는 속에서 당신이 이 내를 건너지 못하므로 나도 그냥 여기에 있을 것입니다. 오 여기에 있을 것입니다. 그러므로 우리는 여기에서 흙먼지가 되고 바람이 됩니다. 솔바람이 됩니다. 냇물에 닳은 돌멩이가 됩니다. 그래서 이 땅을 떠날 수 없습니다. 당신과 함께 여기 이 감옥에서 해골이 될 것입니다.

순흥리 고분벽화

당신과 이 무덤 안에 들어 와 보니
조금은 겁이 났습니다
우리들의 얘기는 이제 마악 시작되는데
여기는 벌써 저승이기 때문입니다
이승에 있는 저승의 그림이 무서웠습니다
색상이 아직도 생생한 것이
내 허물이 칠해진 것 같고
마른 흙 사이로 어디서 바람소리가 나는 듯 했습니다
아무리 아무리 당신을 핥아도
천년千年 세월은 간데도 없고
만년萬年 생각은 어지럽기만 했는데
혼돈 속에서
아직도 나는 당신 손을 잡고 있는 것 이었습니다
붉으락 푸르락한
벽화 속에 사인使人이 되어서라도
그대와 나
천년을 만년을
한 공간에 있고 싶었던 것이었습니다

낙동강 강창교

강창교 밑 낙동강물의 유속은 빠르다
푸르고 깊다
강 바닥에 검은 강돌이
소리를 내며 미끄러진다
꾸루룩 꾸루룩 무서운 소리다
저 쪽 강물은 빙빙 한 바퀴 돌기도 한다
강창 잠수교 다리 위에서
서성거리다가
돌멩이 하나를 툭 찼는데
떨어져 강물 속으로 흘러 간 그 돌
어디로 흐르는가
우리의 이별도 이와 같은가
저 먼 하늘 끝을 바라보자니
뼈가 시리도록 아리다
강물 흐르는 소리
꾸루룩 꾸루룩
그 속으로 들어 간
다시는 볼 수 없는 것이여
흐르는 것은

왜 이리 아픈가

벼

벼는 농부의 키만큼 자라서
논둑 저 쪽
구부려 풀을 깎고 있는
그의 등 너머로 넘실거렸다
삽작을 들어서는 다 큰 아들처럼
여무는 낱알들이
'아버지' 하고 부르는 듯 했다

등나무

도로 옆에 등나무 쉼터가 하나 있다
잎은 다 떨어지고 앙상한 가지들만 구불구불 엉겨있다
그 아래 세멘으로 만든 탁자며 의자가 놓였다
헌데 바람이 불고 날이 추워 쉬는 사람은 없다
어느 날 이 길을 지나며 그 등나무를 부러워한 적 있다
한 뿌리에서 자란 수만 가지들이 서로 엉겨있었기 때문이었다
잎이 무성하여 그늘을 만들 땐 쉬어가는 사람들 많았지만
잎이 지면서 그 사람들 모두 흩어졌다
그러나 저 등나무 서로 엉겨서, 떨어져 있음을 거부하고 있으니
쓸쓸한 이 몸은 그게 부럽다
오늘 봄볕이 살짝 다가 와 살랑살랑 아지랑이 피는데
그 흩어진 사람 중 하나인 내가 다시 그 밑을 서성이며
그들이 엉긴 그 하늘을 내다보고 있다

길, 고양이 발

그대 발, 길 위에 있네
편안하게
앞발로 길을 잡았네
(자기가 가지는
 존재는 없다)
인생은
돌고 도는 것
가는 길은
언제나 오는 길과 마주서는데
그대 발, 길 위에 있네
그 앞발, 부드러운 발, 장난치던 발, 공 굴리던 발, 내 손 잡던 발
그대는 길 위에 있고
나는 가네
아 그러나 붉은 창자
길 밖에 있네

인력引力

아침에 빼꼼히 찾아오는 해처럼
저녁에 어느 새인지 떠 있는 달처럼
이 몸은 당신 곁에서 빙빙 도는 해와 달

자동차를 타고서 집에서 멀어질 때
멀어지는 거리만큼 그리워지는 당신
도저히 자신이 없다, 이 길은 먼 길은

혹등고래 종이접기

엄마를 기다리며 낮에 종이접기를 했다
인터넷 동영상으로 혹등고래 접기
앞발이며 뒤꼬리도 만들어
상床에 올려놓고 외출
친구들 만나러 갔다가 좀 늦었다
엄마가 일 마치고 돌아와
발견한 편지
혹등고래 배를 갈라보니
아무 글자도 없었다
다시 보니 종이접기 혹등고래
반가운 편지글이 아니어도
엄마를 기다리며 접은 종이 조각이
정갈하게 상 위에 올려져 있는 것이
엄마는 기뻤단다

전 봉 희 ______

전봉희 경북 상주출생. 1990년 젊은숲 · 그들同人 활동.

연의 노래

소리 없이 아득한 절망의 늪에서도
쑥 자라나 연을 피우고 꽃밥 만들어
연잎에 얹어도 좋은 이 봄 길에서
아무리 아픈 가시로 박혔어도
그대 마음 한 가닥이면 또 봄을 맞이하는데
이제는 아무도 아프지 않은 봄만
새록새록 돋아났으면, 피어났으면
다시 여름이어도 행복하기를
굵은 소나기 다 맞고서도 당당히
피워내기를
끊임없이 새로운 내 사월에,

구정물에 설거지하는 아낙의 손에서
연의 꽃향기가 난다

백합, 뒤란의 추억

장맛비 잠시 멎은 찰나의 시간도 아까워
맺은 맘 툭 터트린 네 가슴에
노란 꽃술 수놓은 면포 한 장 얹어 주련

작은 골짜기 쓸려 온 모래 둔덕 귀퉁이에
초연이 피어난 나리 꽃대를 보다가
먼 추억 속 아련하게 네 생각이 났다

어린 마음에도 행복했던 무릉의 뒤뜰에
어머니 치마꼬리 잡고 바라 본 네 얼굴이
처연히 와 앉은 어여쁜 그 향기는 길을 잃고

Wood stars ,

- 우주의 아이들과 별 그리고 나무

나는
그대의 한 그루 나무입니다
천만 시간을 지나 만났어도
영원으로 이어지는 굴참나무의
사랑스러운 이름을 기억합니다
별이 지는, 별이 뜨는 미명과
깊은 밤을
나는 잠들지 못하고
은하수처럼 반짝이며 오는
천둥소리 같은
그대 발소리
오래오래 기억합니다

강의 연가 · 19

- 풀 무덤을 만들다

당신이 그리워하는 풀 무덤에는
코스모스 환하게 피어 있습니다
밤새 불어온 산들바람이
반가운 악수를 청합니다
낫질과 호미질에 거칠어지고
풀물 든 손 부끄러워 허리춤에 감춰 보지만
이내 고개 숙인 채 그 손 잡고 맙니다

당신이 없는 풀 무덤가에서
정확하지 않은 가락의 노래를 흥얼거립니다
풀을 캐고 웃자란 풀을 베며
기별도 없이 남도 행 버스를 탔을
당신을 생각합니다
어쩌면 소식 한 장 주시려나
기다려봅니다

바람이 풀 무덤가를 서성이고
알곡을 여물게 하는 태양이
잠시 숨을 죽이는 그때

당신은 오실 것 같습니다
비에 젖어 오실 당신을 기다리며
가을바람 내려앉은 풀 무덤에서
맑은 술 한잔 올리렵니다

사월의 심연

꽃이 피는 건 한때다
그대가 잠시 다녀간
그날 하루처럼
슬픔에 찬 얼굴에서
씩 웃어 보이는
작은 웃음 그림자 한 개도
내 것이지 않은
어떤 하루의 일기처럼
비로소 내 곁에서
찬 바람 소리가 되어
날아간다
그렇게 꽃이 져버린 오늘
영원으로 사라진
꽃 같은
그대가 그립다.

어머니의 모란

모란이 지고 있었다

모가 난 돌부리 하나가
연유도 없는 시비를 걸어 와도
눈길 한 번을 주지 않던
네 동무는 봄볕에서
긴 시간 말이 없다

모란의 붉은빛이 차마
오늘은 지지 못하고
너의 부재는 눈물이 되고
네가 머물던 그 자리에
나 이제 와 울고 있다

지금 모란이 지고 있다

황매산 모산재에서 바라봄 · 2

- 꽃 마중

하늘에서 꽃이 내려와
흩뿌려져
오월의 초록 위에 살포시
누가 얹어 놓았을까

몽유의 밤에 잠시 깨어
꽃 담은 삼태기로
길고 긴 키질을 했어도
못 다 만들 꽃밭인데

어인 연유일까
샀바람 부는 딱 요맘때면
날벼락 맞듯 푸드덕
새들의 날갯짓으로 조용히

봄빛에 그을린 예쁜 달과
철쭉꽃 그늘에 숨어 별을 보며
나는 그대의 꽃밭을 지키는
작고 노란 나비였으면 좋겠다

기도 · 1

향을 꽂고
두 손 모아 당신 마음에
다다르기를
어디에서도 부재인 당신을
간절히 염원하며
기도한다
그리울수록 사무치는
어머니의 옷자락을 잡고
이르지 못한 마음은
눈물이 되고 만다
따프롬* 사원
어머니의 방에서
향을 꽂고 처연히

*캄보디아 씨엠립에 있는 유적지. 지금은 폐허가 되었지만 많은 이야기를 안고 있어 슬픔이 가득한 곳이다.

우이도

이쁘기도 하여라
진정 아름다운 섬
우이도에 가고 싶다
아픔도 묻어주고
해풍에 그을린
내 사랑 품어놓은
모래언덕 너머에도
그리움은 있다

바닷바람에 잘 마른
은빛 모래 한 줌
콩고물 켜켜 놓아
떡시루 가득
쪄 봐도 좋은 아침에
저기 눈부신
그대 눈 닮은 태양 아래서
젖은 눈 말려야 하지

어떤 하루

숨 한 번 참고 열을 센다
눈을 감고 다섯 발자국
두 걸음 꺾어 돌면 너의 꽃밭

음나무 가시 돋은 발바닥에
퍼런 멍 자국이 보이고

눈 한 번 감고 열을 센다
숨을 참고 다섯 걸음
두 번 디뎌 돌아들면 너의 골목

울지도 못한 마음속 담벼락이
세월에 기대 별을 센다

아파도 오지 못하는 구름처럼
슬퍼도 가지 못하는 바람처럼
아마도 오래 잊힌 기억처럼

웃음 마구 흘리지도 말아라

상처 다시 돋는 또 가을이다

| 상주작가 사람들 |

김 재 순	37173 경북 상주시 상산로 384(냉림동) 주공2단지 104동 102호 e-mail: nok9105@hanmail.net / 010-4853-9105
김 정 순	37179 경북 상주시 왕산로 389(냉림동) e-mail: most555@hanmail.net / 010-6781-7222
김 정 희	37234 경북 상주시 복룡3길 7(복룡동) 우방@ 103동 908호 e-mail: kjh33100@hanmail.net / 010-4215-2208
남 수 현	37244 경북 상주시 거동4길 2(거동동) e-mail: coblue2002@hanmail.net / 010-9583-5075
신 재 섭	37132 경북 상주시 공검면 양정4길 35-1 e-mail: / 010-6396-7682
임 술 랑	37160 경북 상주시 만산2길 12(만산동) e-mail: imsullang@hanmail.net / 010-3519-2823
전 봉 희	37220 경북 상주시 상산로 82-5(신봉동) e-mail: noru0366@hanmail.net / 010-8951-0052